Anonym

Handels- und Gesellschaftsrecht

GRIN Verlag

Bibliografische Information der Deutschen Nationalbibliothek:

Die Deutsche Bibliothek verzeichnet diese Publikation in der Deutschen National-
bibliografie; detaillierte bibliografische Daten sind im Internet über http://dnb.d-
nb.de/ abrufbar.

Impressum:

Copyright © 2007 GRIN Verlag GmbH
Druck und Bindung: Books on Demand GmbH, Norderstedt Germany
ISBN: 978-3-656-75622-4

Dieses Buch bei GRIN:

http://www.grin.com/de/e-book/281059/handels-und-gesellschaftsrecht

GRIN - Your knowledge has value

Der GRIN Verlag publiziert seit 1998 wissenschaftliche Arbeiten von Studenten, Hochschullehrern und anderen Akademikern als eBook und gedrucktes Buch. Die Verlagswebsite www.grin.com ist die ideale Plattform zur Veröffentlichung von Hausarbeiten, Abschlussarbeiten, wissenschaftlichen Aufsätzen, Dissertationen und Fachbüchern.

Besuchen Sie uns im Internet:

http://www.grin.com/

http://www.facebook.com/grincom

http://www.twitter.com/grin_com

A. Handelsrecht

1. Einführung ins das Handelsrecht

Handelsrecht wird gemeinhin definiert als „Sonderprivatrecht der Kaufleute". Damit wird ein Zweifaches zum Ausdruck gebracht:

- Einmal geht es beim Handelsrecht um die vom allgemeinen bürgerlichen Recht abweichenden, speziellen Vorschriften und
- zum anderen beziehen sich diese Vorschriften auf einen subjektiven Anknüpfungspunkt, die „Kaufmannseigenschaft". Man spricht insofern vom „subjektiven System".

Dabei ist zu beachten: Diese besonderen Vorschriften des Handelsrechts verdrängen das allgemeine bürgerlich Recht nur beim Vorliegen der jeweiligen Normenvoraussetzung. Oder anders formuliert:
Soweit keine speziellen handelsrechtlichen Normen eingreifen, kommt nach wie vor das BGB zur Anwendung.

- Handelsrecht ist formfrei (enthält weniger Formbestimmungen als Bürgerliches Recht)
- Drängt auf schnelle Handlung
- Wenn keine Regelungen im HGB dann Rückgriff auf BGB
- Kaufmann hat genügend Erfahrungen um Gefahren zu erkennen und beachten, daher Formfreiheit (Unterschied zu BGB)
- Gewährleistungsvorschriften verpflichten Vertragspartner zur Einhaltung des Vertrags bei Schlechtleistung, auch ohne Verschulden, Rüge durch Verbraucher innerhalb eines bestimmten Zeitraums im BGB, im HGB muss Rüge durch Kaufmann sofort erfolgen.

2. Kaufmannsarten

a) Der Gewerbebegriff

Im Handelsrecht sind folgende Kriterien für die maßgebend:

- Erkennbarkeit:
  - o Die innere, für Dritt nicht erkennbare Absicht genügt nicht für den Gewerbebegriff
  - o Äußerlich erkennbar z.B. durch Eintrag ins Handelsregister, Firmenschild

- Selbständigkeit:
  - o Selbständig ist, wer im Wesentlichen frei seine Tätigkeit gestalten und seine Arbeitszeit bestimmen kann
  - o Unerheblich sind die Einkommensverhältnisse

- Dauerhaftigkeit und Planmäßigkeit:
  - o Die Tätigkeit darf nicht nur gelegentlich betrieben werden, um als Gewerbe anerkannt zu werden
  - o Eine Tätigkeit ist planmäßig, wenn sie auf bestimmte Dauer ausgeübt wird

- Gewinnerzielungsabsicht:
  - o Wer nur kostendeckend wirtschaftet, sei es auch nur karikativen oder sozialen Gründen, betreibt kein Gewerbe

- Kein freier Beruf:
  - Freier Beruf: akademische Tätigkeit, im Allgemeinen in einer Kammer organisiert (Ärzte, Anwälte, Künstler, Steuerprüfer oder Architekten)

b)　Der Begriff des Kleingewerbes

Die Rechtsprechung stellt hierbei auf „das Gesamtbild des Betriebes" ab. Dabei sind folgende Kriterien heranzuziehen:
- Zahl der Betriebsstätten
- Vielfalt der Erzeugnisse
- Höhe des Umsatzes
- Höhe des Anlage- und Betriebskapitals
- Höhe des Gewerbeertrags- bzw. Gewerbekapitals
- Zahl der Beschäftigten
- Art der Buch- und Kontenführung
- Art und Gestaltung von Bankverbindungen
- Umfang und Art der Geschäftsbeziehungen

2.1.　Der Istkaufmann §1 Abs. 2 HGB

Nach §1 Abs. 2 HGB ist Kaufmann, **wer ein Gewerbe betriebt, es sei denn, sein Unternehmen benötigt nach Art oder Umfang keinen in kaufmännischer Weise eingerichteten Geschäftsbetrieb.**
Merke: Sind diese Voraussetzungen erfüllt, besteht die Kaufmannseigenschaft kraft Gesetz, also auch ohne Eintragung ins Handelsregister (der Unternehmer ist aber verpflichtet, die Einrichtung herbeizuführen).

Zwei Merkmale sind demnach entscheiden für die Einstufung als Istkaufmann:
- Es muss ein **Gewerbe** ausgeübt werden
- Ein in kaufmännischer Weise eingerichteter Gewerbebetrieb darf wegen Art oder Umfang des Unternehmens nicht entbehrlich sein. Es darf sich also **nicht** um einen **Kleinbetrieb** handeln.

2.2.　Der Kannkaufmann §2 HGB

Scheitert die Istkaufmannseigenschaft daran, dass ein Kleingewerbebetrieb vorliegt, so kann der Unternehmer die Kaufmannseigenschaft durch Registereintrag herbeiführen. Diese Eintragung kann jederzeit rückgängig gemacht werden.

2.3.　Der land- und forstwirtschaftliche Kannkaufmann §3 HGB

Land- und fortwirtschaftliche Betriebe sind nicht Istkaufleute nach §1 Abs. 2 HGB. Es fehlt bei ihnen schon an der Ausübung des Gewerbes. Dennoch können sie nach §3 HGB die Kaufmannseigenschaft erwerben, **wenn ihr Unternehmen nach Art und Umfang einen in kaufmännischer Weise eingerichteten Geschäftsbetrieb erfordert.** Die Kaufmannseigenschaft entsteht dann mit der Eintragung ins Handelsregister.

2.4.　Der Fiktivkaufmann §5 HGB

§5 HGB bestimmt:

Wer im Handelsregister eingetragen ist, kann sich nicht darauf berufen, das unter seiner Firma betriebene Gewerbe sei kein Handelsgewerbe (Eintragung der Firma im Handelsregister, obwohl die Voraussetzungen nicht vorliegen).

2.5. Der Scheinkaufmann §5 HGB i.V.m. §242 BGB

Scheinkaufmann kraft tatsächlichen Verhaltens ist derjenige, der im kaufmännischen Rechts- und Geschäftsverkehr als Kaufmann auftritt, ohne es tatsächlich zu sein.
Beim Scheinkaufmann handelt es sich nur um einen Sonderfall der allgemeinen Anwendung des Grundsatzes von Treu und Glauben in der Rechtsordnung (§§242, 157 BGB): Wer im Rechtsleben durch sein Verhalten Vertrauensbestände schafft, muss sich zugunsten schutzwürdiger Dritter so behandeln lassen, als entsprächen seine Behauptungen den Tatsachen.

Nachfolgende Tatbestände können die Kaufmannseigenschaft kraft Rechtsscheins begründen:
- Auftreten unter einer „Firma"
- Verwendung kaufmännisch aussehender Korrespondenzunterlagen
- Bezeichnung eines kleingewerblichen Betriebes als „Handelsgesellschaft"

2.6. Der Formkaufmann §6 Abs. 1,2 HGB

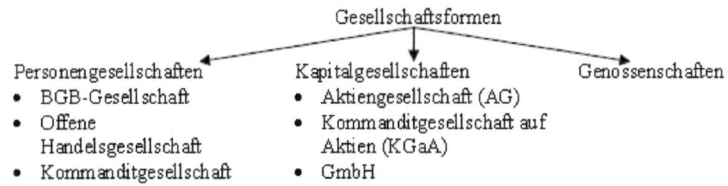

Die offene Handelsgesellschaft und die Kommanditgesellschaft setzen den Betrieb eines Handelsgewerbes voraus. OHG und KG sind also schon aus diesem Grund Kaufleute.
Bei den Gesellschaftern selbst ist zu unterscheiden: Die Gesellschafter der OHG sind Kaufleute im Rechtssinne, ebenso die Komplementäre der KG; nicht Kaufleute dagegen sind die Kommanditisten.

Bei den Gesellschaften, denen das Gesetz ohne Rücksicht auf den Gegenstand des Unternehmens die Eigenschaft eines Kaufmanns beilegt, ist es gem. §6 Abs. 2 HGB unerheblich, ob sie einen in kaufmännischer Weise eingerichteten Geschäftsbetrieb unterhalten oder nicht. Dies trifft zu bei nachfolgenden Unternehmensformen:
- Aktiengesellschaft (§3 AktG)
- Kommanditgesellschaft (§278 Abs. 3 AktG)
- Gesellschaft mit beschränkter Haftung (§13 Abs. 3 GmbHG)
- Eingetragene Genossenschaft (§17 Abs. 2 GenG)

2.7. Konsequenzen der Kaufmannseigenschaft

Handelsrechtliche Rechte und Pflichten
- Kaufmann darf besonderen handelsrechtlichen Namen führen: die Firma, §§17 ff. HGB
- Kaufmann kann eine/mehrere Zweigniederlassungen gründen §13 HGB
- Kaufmann darf sich von Prokuristen vertreten lassen, §§48 ff. HGB
- Anmeldepflicht der meldepflichtigen Tatsachen zum Handelsregister, §§14, 31 HGB

- Führung von Handelsbüchern, Bilanzerstellung, Jahresabschluss, §§238 ff.
- Rügepflichten §377 HGB

Verfahrensrechte
- Klagebefugnis unter der Firma, §17 Abs. 2 HGB
- Gerichtsstandsvereinbarung, §38 ZPO

3. Firma

3.1. Die Firma

Unter einer Firma versteht man gem. §17 HGB den **Namen eines Kaufmanns, unter dem er seine Geschäfte betreibt und die Unterschrift abgibt.** Ein Kaufmann kann unter seiner Firma klagen und verklagt werden.

Funktionen:
- Unterscheidung zwischen der kaufmännischen und privaten Seite des Kaufmanns = Abgrenzungsfunktion
- Vermeidung von Verwechslungen mit namensgleichen Kaufleuten am gleichen Ort = Kennzeichnungsfunktion
- Vermittlung von Informationen über Unternehmensträger = Auskunftsfunktion
- Werbung für Unternehmen = Werbefunktion
- Wertträgerfunktion (mit Namen ist Qualifikationsmerkmal verbunden)

3.2. Firmengrundsätze

a) Der Grundsatz der Firmenwahrheit

Gem. §18 Abs. 2 HGB **darf die Firma keine Angaben enthalten, die geeignet sind, über geschäftliche Verhältnisse, die für die angesprochenen Verkehrskreise wesentlich sind, irrezuführen.** Insbesondere darf die Firma nicht über Art und Umfang des Geschäfts täuschen.
Schutz vor Täuschungen über die Haftungsverhältnisse des Geschäftsinhabers garantiert §19 HGB, wonach die Firma einen die Haftungsverhältnisse andeutenden Zusatz enthalten muss.
Der Grundsatz der Firmenbeständigkeit wird durch §19 Abs. 2 HGB eingeschränkt. Haftet demnach in einer OHG oder KG keine natürliche Person unbeschränkt, muss die Firma auch dann einen Hinweis auf die Haftungsbeschränkung enthalten, wenn eine Übernahme der Firma nach §§21 ff. HGB möglich ist.
Gem. §37a HGB muss ein Kaufmann auf allen Geschäftsbriefen, die an einen bestimmten Empfänger gerichtet werden, seine Firma, die Bezeichnung nach §19 Abs. 1 Nr.1 HGB, den Ort seiner Handelsniederlassung, das Registergericht und die Nummer, unter der die Firma in das Handelsregister eingetragen ist, angeben. Für Personengesellschaften gilt gem. §125a Abs. 1 HGB entsprechendes.

b) Das Prinzip der Firmeneinheit

Danach darf ein Kaufmann für ein Unternehmen für eine Firmenbezeichnung führen. Dies gilt selbst für Zweigniederlassungen, wobei jedoch gem. §30 Abs. 3 HGB besondere, auf die Zweigniederlassung hindeutende Zusätze erforderlich sind.

c)　Grundsatz der Firmenunterscheidbarkeit

Nach §30 HGB muss sich jede neue Firma **„von allen an demselben Ort oder in derselben Gemeinde bereits bestehenden und in das Handelsregister eingetragenen Firma deutlich unterscheiden."** Dabei wird grundsätzlich die zuerst eingetragene Firma geschützt.

d)　Der Firmenschutz

Das Recht an der Firma ist ein absolutes Recht, entsprechend dem verwandten Namensrecht gem. §12 BGB. Daraus folgt, dass bei unberechtigtem Firmengebrauch privatrechtliche Abwehransprüche gem. §37 HGB eingreifen. Hiernach kann bei unbefugtem Firmengebrauch auf **Unterlassung** und – falls die Firma bereits im Handelsregister eingetragen ist – auf Anmeldung der Löschung geklagt werden. Ein aus anderen Gesichtspunkten (§§823ff. BGB) bestehender **Schadenersatzanspruch** bleibt hiervon unberührt.

e)　Die Überlagerung des Firmenschutzes durch das UWG und MarkenG

Das Gesetz gegen den unlauteren Wettbewerb verbietet gem. §1 UWG die Vornahme von gegen die guten Sitten verstoßenden Handlungen zu Zwecken des Wettbewerbs.
Neben den Möglichkeiten des UWG kann der durch das MarkenG geschaffene Schutz in Anspruch genommen werden: §15 MarkenG gewährt dem Inhaber einer geschäftlichen Bezeichnung ein ausschließliches Recht. Darunter fällt als Unternehmenskennzeichen auch die Firma. Außerdem besteht nach §18 MarkenG ein Anspruch auf Vernichtung der widerrechtlich gekennzeichneten Gegenstände.

3.3.　Inhaberwechsel bei kaufmännischen Unternehmen

a)　Die Haftung des Erwerbers bei Firmenfortführung

Wer ein unter Lebenden erworbenes Handelsgeschäft fortführt, haftet gem. §25 Abs. 1 S.1 HGB für alle im Betriebe des Geschäfts begründeten Verbindlichkeiten des früheren Inhabers; aber nur dann, wenn er die bisherige Firma fortführt.

Nach §26 wird die Nachhaftung des früheren Geschäftsinhabers begrenzt: Bei Firmenfortführung durch den Erwerber haftet er für die früheren Verbindlichkeiten nur, wenn sie vor Ablauf von 5 Jahren fällig sind. Die Frist beginnt mit dem Ende des Tages, an welchem der neue Inhaber der Firma in das Handelsregister eingetragen wurde.

Es kann durchaus sein, dass der Erwerber die Verbindlichkeiten nicht übernehmen will und den vollen Kaufpreis entrichtet. Dabei würde er Gefahr laufen, gem. §25 Abs. 1 S.1 HGB für die Schulden aufkommen zu müssen, obwohl er die betreffenden Beträge anlässlich der Kaufpreiszahlung entrichtet hat, wenn der Veräußerer sie nicht zur Schuldentilgung verwendet. Hier greift §25 Abs. 2 HGB ein: Die Parteien haben die Möglichkeit, eine abweichende Vereinbarung zu treffen. Diese Vereinbarung ist jedoch Dritten gegenüber nur in zwei Fällen wirksam:
* Entweder wenn sie in das Handelsregister eingetragen und bekanntgemacht wird
* oder wenn sie vom Erwerber oder vom Veräußerer dem Dritten mitgeteilt worden ist.
Ist weder Registereintragung noch eine ausdrückliche Meldung an den Gläubiger ergangene, so kann der Erwerber selbst dann den Haftungsausschluss nicht geltend machen, wenn der Gläubiger auf eine andere Weise positive Kenntnis von dem Ausschluss erlangt hat.

b)   Übergang der Forderungen bei Firmenfortführung

Bei der Fortführung eines Handelsgeschäfts unter der bisherigen Firma ergeben sich auch für die Aktivseite Konsequenzen. Gem. §25 Abs. 1 S. 2 HGB gelten die im Betriebe begründeten Forderungen den Schuldnern gegenüber als auf den Erwerber übergegangen. Voraussetzung ist, dass der bisherige Inhaber oder seine Erben in die Fortführung der Firma eingewilligt haben. Auch hier sind abweichende Vereinbarungen möglich. Jedoch sind auch hier derartige Abreden dem Dritten gegenüber nur wirksam wenn die (vgl. §25 Abs. 2 HGB)

- Entweder in das Handelsregister eingetragen und bekannt gemacht worden sind
- Oder vom Erwerber oder Veräußerer dem Dritten mitgeteilt wurden

c)   Unternehmensveräußerung ohne Firmenfortführung

Wie bereits betont, greifen die obigen handelsrechtlichen Sondervorschriften bezüglich der Schuldenübernahme nur ein, wenn der Erwerber die Firma fortführt. Ist dies nicht der Fall, so haftet der Erwerber eines Handelsgeschäfts für die früheren Verbindlichkeiten nur, wenn ein besonderer Verpflichtungsgrund vorliegt, insbesondere wenn die Übernahme der Verbindlichkeiten von dem Erwerber bekannt gemacht worden ist (§25 Abs. 3 HGB).

d)   Eintritt in das Geschäft eines Einzelkaufmannes

Tritt jemand als persönlich haftender Gesellschafter oder als Kommanditist in das Geschäft eines Einzelkaufmanns ein (wodurch entweder eine OHG oder KG entsteht), so haftet gem. §28 Abs. 1 S. 1 HGB die Gesellschaft für alle im Betrieb des Geschäfts entstandenen Verbindlichkeiten des früheren Geschäftsinhabers. Die in dem Betrieb begründeten Forderungen gelten den Schuldnern gegenüber als auf die Gesellschaft übergegangen. Die Haftung tritt unabhängig von der Tatsache ein, ob die Firma fortgeführt wird oder nicht. Wird der frühere Geschäftsinhaber Kommanditist, finden nach Maßgabe des §28 Abs. 3 HGB die Regeln für die Begrenzung der Nachhaftung nach §26 HGB Anwendung. Auch hier können gem. §28 Abs. 2 HGB Sonderabreden getroffen werden.

e)   Eintritt in eine bestehende OHG oder KG

Wer in eine bestehende Gesellschaft eintritt, haftet gem. §130 HGB gleich den anderen Gesellschaftern nach Maßgabe der §§128 und 129 HGB für die vor seinem Eintritt begründeten Verbindlichkeiten der Gesellschaft. Hier können Sonderabreden mit Wirkung nach außen nicht getroffen werden: §130 Abs. 2 HGB bestimmt, dass Vereinbarungen, die der Bestimmung des Absatzes 1 entgegenstehen, Dritten gegenüber unwirksam sind.

f)   Besonderheiten bei der Geschäftsfortführung durch Erben

Zunächst bestimmt §27 Abs. 1 HGB dass, wenn ein zu einem Nachlasse gehörendes Handelsgeschäft von den Erben fortgeführt wird, auf die Haftung der Erben für frühere Geschäftsverbindlichkeiten die Vorschriften über die Haftung des Erwerbers bei Firmenfortführung Anwendung finden. Um die zukünftigen Entwicklungen besser einschätzen zu können, gewährt §27 Abs. 2 HGB eine zusätzliche Überlegungsfrist von drei Monaten, d.h. die unbeschränkte Haftung nach §25 Abs. 1 HGB tritt nicht ein, wenn die Fortführung des Geschäfts binnen drei Monaten eingestellt wird.

4. Handelsregister

4.1. Die Funktionen des Handelsregisters

a)   Die allgemeine Publikationsfunktion

Das Handelsregister ist ein allgemeines Publikationsmittel für solche Tatsachen, die im kaufmännischen Rechts- und Geschäftsverkehr gewichtig sind. Durch die Eintragung ins Handelsregister besteht die Möglichkeit der Mitteilung an die Öffentlichkeit.

b)   Die Schutzfunktion

Auf Eintragungen in öffentlichen Registern darf man sich verlassen.

c)   Die Beweisfunktion

Der Nachweis, wer der Inhaber einer in das Handelsregister eingetragenen Firma eines Einzelkaufmanns ist, kann Behörden gegenüber durch ein Zeugnis des Gerichts über die Eintragung geführt werden.

d)   Die Kontrollfunktion

Bei Eintragung in das Handelsregister wirken die Organe des Handelsstandes mit. Die IHK ist gem. §126 FGG verpflichtet, die Registergerichte bei der Verhütung unrichtiger Eintragungen zu unterstützen.

4.2. Die Wirkung von Handelsregistereintragungen

Seiner Schutzfunktion kann das Handelsregister nur nachkommen, wenn Eintragungen eine gewisse Verbindlichkeit erhalten. Zwar genießt das Handelsregister nicht den erhöhten Vertrauensschutz des Grundbuchs, jedoch sind dritte Personen in ihrem Vertrauen auf Handelsregistereintragungen gem. §15 HGB geschützt. Dieser Vertrauensschutz ist unterschiedlich je nachdem, ob es sich um richtige, unrichtige oder fehlende Eintragungen und Bekanntmachungen handelt; das Handelsregister entfaltet hierbei z.t. negative Publizität und z.T. positive Publizität.

a)   Die negative Publizität

Ist eine in das Handelsregister einzutragende Tatsache nicht eingetragen und bekanntgemacht worden, so kann diese Tatsache gem. §15 Abs. 1 HGB einem Dritten „nicht entgegengesetzt werden". Bereits hieraus wird deutlich, dass die negative Publizität einen verständlichen Zwang zur Eintragung von Tatsachen bringt.

b)   Die Wirkung richtiger Eintragung und Bekanntmachung

Hier liegt der Fall umgekehrt: Eine bestimmte Tatsache ist eingetragen und bekanntgemacht. Daran knüpft §15 Abs. 2 S.1 HGB als Rechtsfolge, dass ein Dritter diese Tatsache gegen sich gelten lassen muss. Er kann sich also nicht darauf berufen, dass er nichts gewusst habe.

c)   Die positive Publizität

Ist nach §15 Abs. 3 HGB eine einzutragende Tatsache unrichtig bekanntgemacht worden, so kann sich ein Dritter demjenigen gegenüber, in dessen Angelegenheit die Tatsache einzutragen war, auf die bekanntgemachte Tatsache berufen, es sei denn, er kannte die Unrichtigkeit. Fehlerhafte Bekanntmachungen gelten also gegenüber gutgläubigen Dritten als richtig.

§15 HGB kann nur dann eingreifen, wenn es sich um eintragungspflichtige Tatsachen handelt. Lediglich eintragungsfähige Tatsachen sind nicht geschützt.

5.   Die unselbständigen Hilfspersonen des Kaufmanns

5.1.   Die Prokura

a)   Der Umfang der Prokura

Die Prokura ermächtigt gem. §49 Abs. 1 HGB **„zu allen Arten von gerichtlichen und außergerichtlichen Geschäften und Rechtshandlungen, die der Betrieb eines Handelsgewerbes mit sich bringt".**

Die außerordentlich weitreichende Vertretungsmacht des Prokuristen hat gleichwohl bestimmte Schranken, die sich teils aus dem Gesetz, teils aus allgemeinen Überlegungen ergeben:

Nicht ermächtigt ist der Prokurist gem. §49 Abs. 2 HGB zur **Veräußerung und Belastung von Grundstücken.** Derartige Rechtsgeschäfte kann er für den Inhaber des Handelsgeschäfts nur wirksam vornehmen, wenn er hierfür eine besondere Befugnis erhalten hat.
Daneben ergeben sich aus der Begriffsbestimmung der Prokura weitere Grenzen:
- Ein Prokurist kann keine Rechtsgeschäfte tätigen, die der Betrieb eines Handelsgewerbes mit sich bringt.
- Ein Prokurist kann auch solche Willenserklärungen nicht tätigen, die außerhalb des „Betriebs" eines Handelsgewerbes liegen. Also kann er nicht den Betrieb als solchen einstellen, die Firma ändern, das Unternehmen veräußern oder einen Antrag auf Eröffnung eines Insolvenzverfahrens stellen.
- Der Prokurist kann schließlich solche Geschäfte nicht vornehmen, die dem Inhaber des Handelsgeschäfts vorbehalten sind, wie etwa die Prokuraerteilung selbst, die Anmeldung der Firma zum Handelsregister, sowie die Unterzeichnung des Jahresabschlusses gem. §245 HGB.

b)   Die Unbeschränkbarkeit der Prokura nach außen

Wie bei allen Vertretungsverhältnissen ist auch bei der Prokura zwischen dem „Innenverhältnis" und dem „Außenverhältnis" zu unterscheiden. Das Innenverhältnis betrifft die Rechtsbeziehungen des Stellvertreters zum Vertretenen, das Außenverhältnis die Rechtsmacht des Stellvertreters zu Dritten.

„Eine Beschränkung der Prokura ist Dritten gegenüber unwirksam. Dies gilt insbesondere von der Beschränkung, dass die Prokura nur für gewisse Geschäfte oder gewisse Arten von Geschäften oder nur unter gewissen Umständen oder für eine gewisse Zeit oder an einzelnen Orten ausgeübt werden soll" (§50 HGB).

Das heißt im Klartext: Dem Prokuristen können zwar durch Weisungen im Arbeitsvertrag für das Innenverhältnis Beschränkungen auferlegt werden. Diese Beschränkungen sind jedoch nach außen unwirksam. Wenn also der Prokurist gegen derartige Anordnungen verstößt, sind die von ihm abredewidrig abgeschlossenen Rechtsgeschäfte für den Inhaber des Handelsgeschäftes dennoch verbindlich.

Es versteht sich von selbst, dass der Prokurist beim Zuwiderhandeln gegen interne Weisungen gegen die Pflichten aus dem Arbeitsvertrag verstößt, was zu Schadenersatzansprüchen führen und zur Kündigung berechtigen kann.

c)   Die Erteilung der Prokura

Nach §48 HGB kann die Prokura nur vom Inhaber des Handelsgeschäftes oder seinem gesetzlichen Vertreter erteilt werden und bedarf einer ausdrücklichen Erklärung. Die Erteilung der Prokura ist vom Inhaber des Handelsgeschäfts zur Eintragung in das Handelsregister anzumelden (§53 Ab. 1 S.1 HGB). Wirksamkeitsvoraussetzung ist die Handelsregistereintragung jedoch nicht, sie hat lediglich deklaratorischen Charakter.

d)   Sonderformen der Prokura

Die Einzelprokura ist die umfassende Bevollmächtigung eines kaufmännischen Angestellten mit der Wirkung, dass dieser, abgesehen von den oben geschilderten Ausnahmefällen, sämtliche Rechtsgeschäfte vornehmen kann, die ein Betrieb eines Handelsgewerbes mit sich bringt. Diese Bevollmächtigung ist umfassend und kann deshalb in vielen Fällen unerwünscht, ja sogar gefährlich sind.

Bei der Gesamtprokura werden mehrere Personen mit der Bestimmung zu Prokuristen berufen, dass sie nur zusammen handeln können. §48 Abs. 2 HGB lässt diese Form der Prokuraerteilung ausdrücklich zu.

Bei der Filialprokura handelt es sich um die Einschränkung der Prokura auf den Bereich einer Zweigniederlassung. Hier kann der Prokurist Erklärungen lediglich für den Filialbereich des Unternehmens abgeben, nicht dagegen für die Haupt- oder weitere Zweigniederlassungen.

e)   Das Erlöschen der Prokura

Die Prokura ist gem. §52 Abs. 1 HGB ohne Rücksicht auf das der Erteilung zugrunde liegende Rechtsverhältnis jederzeit widerruflich, unbeschadet des Anspruchs auf die vertragsgemäße Vergütung. Die freie Widerruflichkeit der Prokura ist also völlig losgelöst von den Bestimmungen des Arbeitsvertrages.

Da es sich bei der Prokura um eine spezielle handelsrechtliche Form der rechtsgeschäftlichen Vertretungsmacht handelt, erlischt sie gem. §§168 S.1 BGB mit der Aufhebung des zugrundeliegenden Dienstvertrages. War die Prokura jedoch ins Handelsregister eingetragen, so würde ein entsprechender Rechtsschein gem. §15 HGB solange bestehen, bis das Erlöschen der Prokura eingetragen ist.

Der Tod und die Geschäftsunfähigkeit des Prokuristen bringen die Prokura zum erlöschen, nicht jedoch der Tod des Geschäftsinhabers (§52 Abs. 3 HGB).
Betriebseinstellungen, Unternehmensveräußerungen, der Verlust der Kaufmannseigenschaft des Geschäftsinhabers und die Eröffnung des Insolvenzverfahrens führen ebenfalls zum Erlöschen der Prokura.

Das Erlöschen der Prokura ist gem. §53 Abs.3 HGB in gleicher Weise wie die Erteilung zur Eintragung in das Handelsregister einzutragen.

5.2. Die Handlungsvollmacht

a) Begriff

Unter der Handlungsvollmacht versteht man **jede Vollmacht (die nicht Prokura ist), welche ein Kaufmann im Rahmen seines Handelsgewerbes erteilt.** Von der Prokura unterscheidet sie sich vor allem durch ihren geringeren Umfang.

b) Die Arten der Handlungsvollmacht

Bei der Handlungsvollmacht sind drei Fälle zu unterscheiden:
* Die Generalhandlungsvollmacht
* Die Arthandlungsvollmacht
* Die Spezialhandlungsvollmacht

Während sich die Generalhandlungsvollmacht auf den gesamten Bereich des betreffenden Handelsgewerbes erstreckt, beschränkt sich die Arthandlungsvollmacht auf eine bestimmte Geschäftsart und die Spezialhandlungsvollmacht auf die Vornahme einzelner, ganz konkreter Geschäfte.

c) Umfang der Handlungsvollmacht

Der Umfang der Handlungsvollmacht ergibt sich aus den Anordnungen des Vollmachtgebers. §54 HGB umreißt den gegenüber der Prokura beschränkten Wirkungskreis eines Handlungsbevollmächtigten.

Im Unterschied zur Prokura beschränkt sich als die Ermächtigung auf Rechtsgeschäfte, die ein Betrieb der betreffenden Art...gewöhnlich mit sich bringt. Außergewöhnliche Geschäfte sind von einer Handlungsvollmacht nicht gedeckt.

Zur Klarstellung nennt das Gesetz in §54 Abs.2 HGB einen Katalog von Rechtsgeschäften, die auf keinen Fall von der Handlungsvollmacht gedeckt sind, zu deren wirksamer Vornahme also eine besondere Befugnis erteilt sein muss. Hierunter fallen:
* Veräußerung und Belastung von Grundstücken,
* Eingehung von Wechselverbindlichkeiten,
* Aufnahme von Darlehen,
* Führung von Prozessen.

Darüber hinaus ist der Rechtsverkehr geschützt: Sonstige Beschränkungen der Handlungsvollmacht braucht ein Dritter nur dann gegen sich gelten zu lassen, wenn er sie kannte oder kennen musst (§54 HGB Abs. 3 HGB).

d) Erteilung der Handlungsvollmacht

Die Handlungsvollmacht kann, entsprechend den Grundsätzen der Stellvertretung gem. §167 Abs. 1 BGB, sowohl durch Erklärung gegenüber dem zu Bevollmächtigenden als auch durch Erklärung gegenüber Dritten erfolgen. Im Gegensatz zur Prokura kann die Handlungsvollmacht auch durch einen Prokuristen erteilt werden. Sie kann übertragen werden und sie kann stillschweigend erteilt werden. Eine Eintragung in das Handelsregister ist weder erforderlich noch möglich.

e)   Erlöschen der Handlungsvollmacht

Auch hier gelten die allgemeinen Grundsätze des bürgerlichen Rechts ohne handelsrechtliche Besonderheiten. Demnach erlischt die Handlungsvollmacht vor allem gem. §168 BGB durch Beendigung des der Vollmacht zugrunde liegenden Rechtsverhältnisses, insbesondere bei dessen Kündigung.

f)   Sonderfälle

Abschlussbevollmächtigte:
Sind Handlungsbevollmächtigte als Handelsvertreter oder Handlungsgehilfen damit betraut, außerhalb des Betriebes Geschäfte im Namen des Inhabers abzuschließen, dann finden die Vorschriften über die Handlungsvollmacht auch auf diese Hilfspersonen Anwendung (§55 HGB).

Ladenangestellte:
Ladenangestellte gelten gem. §56 HGB als zu Verkäufen und Empfangnahmen ermächtigt, die in einem derartigen Laden oder offenen Warenlager gewöhnlich geschehen. Zu beachten ist, dass §56 HGB auf Ankäufe durch Ladenangestellte nicht angewandt werden kann.

6.   Die selbständigen Hilfspersonen des Kaufmanns

6.1.   Der Handelsvertreter

Handelsvertreter im Sinne des Gesetzes ist gem. §84 Abs.1 S.1 HGB, „**wer als selbständiger Gewerbetreibender ständig damit betraut ist, für einen anderen Unternehmer Geschäfte zu vermitteln oder in dessen Namen abzuschließen.**"

Der Handelsvertreter übernimmt also Vermittlungsfunktion des Handelsverkehrs.

Kennzeichnend für die Handlungsvertretung ist also dreierlei:
- Der Handelsvertreter ist für einen anderen tätig. Je nachdem, ob er für einen oder mehrere Unternehmer tätig ist, unterscheidet man den
  - o Einfirmenvertreter
  - o Mehrfirmenvertreter
- Der Handelsvertreter ist ständig für den Unternehmer tätig. Dies unterscheidet ihn vom Handelsmakler.
- Der Handelsvertreter ist selbständiger Gewerbetreibender. Das Gesetz bejaht die Selbständigkeit gem. §84 Abs. 1 S.2 HGB.

6.2.   Der Handelsmakler

Handelsmakler ist gem. §93 Abs.1 HGB, **wer gewerbsmäßig für andere Personen, ohne von ihnen auf Grund eines Vertragsverhältnisses ständig damit betraut zu sein, die Vermittlung von Verträgen über Anschaffung oder Veräußerung von Waren oder Wertpapieren, über Versicherungen, Güterbeförderung, Schiffsmiete oder sonstige Gegenstände des Handelsverkehrs übernimmt.**

6.3. Der Kommissionär

Kommissionär ist gem. **§383 HGB, wer es gewerbsmäßig übernimmt, Waren oder Wertpapiere für Rechnung eines anderen in eigenem Namen zu kaufen oder zu verkaufen.** Der Kommission liegt also dem Typus nach ein Geschäftsbesorgungsvertrag zugrunde.

6.4. Sonderformen der Absatzorganisation

Der Kommissionsagent ist Kommissionär, er schließt also im eigenen Namen ab. Im Gegensatz zum gewöhnlichen Kommissionär i.S.d. §§383ff. HGB ist er jedoch ständig damit betraut, für einen bestimmten Unternehmer tätig zu werden.

Vertragshändler ist, **wer sich durch einen auf gewisse Dauer angelegten Rahmenvertrag verpflichtet, Waren des Herstellers in eigenem Namen und auf eigene Rechnung zu vertreiben und in die Verkaufsorganisation des Herstellers eingegliedert ist.**

Franchising ist ein umfassendes System von Vertragshändlerverträgen, wobei das Vertragshändlerprinzip über den Warenhandel hinaus auch auf den Dienstleistungsbereich ausgedehnt wird. Die einzelnen Vertragshändler behalten zwar ihre rechtliche Selbständigkeit, werden aber noch weiter als im Vertragshändlersystem in das Unternehmen des Franchisegebers eingebunden.

7. Allgemeine Vorschriften für Handelsgeschäfte

7.1. Begriff und Arten der Handelsgeschäfte

Handelsgeschäfte sind alle Geschäfte eines Kaufmanns, die zum Betriebe seines Handelsgewerbes gehören (§343 HGB). Folgendes ist zu merken:
- Handelsgeschäfte können nur vorliegen, wenn das sie tätigende Rechtssubjekt „**Kaufmann**" im Rechtsinne ist. Die Kaufmannseigenschaft muss im Zeitpunkt der Vornahme des Rechtsgeschäfts vorliegen.
- Es muss sich um „**Geschäfte**" handeln, worunter man jede Tätigkeit versteht, die in der Kundgabe eines Willens zur Herbeiführung eines wirtschaftlichen Erfolges liegt.
- Das Rechtsgeschäft muss im Bereich eines „**Handelsgewerbes**" getätigt worden sein (vgl. §344 HGB)

Besondere handelsrechtliche Vorschriften gelten nur bei beiderseitigen Handelsgeschäften:
- Handelsbrauch (§346)
- Erhöhter Zinssatz (§352 Abs.1)
- Frühzeitige Verzinsungspflicht (§353)
- Besonderes kaufmännisches Zurückbehaltungsrecht (§§369ff.)
- Untersuchungs- und Rügepflicht beim Handelskauf (§377)

7.2. Zinsen

Kaufleute sind untereinander berechtigt, für ihre Forderungen aus beiderseitigen Handelsgeschäften bereits vom Tage der Fälligkeit an Zinsen zu fordern (§353 S.1 HGB). Für Darlehen, Vorschüsse, Auslagen und andere Verwendungen können gem. §354 Abs.2 HGB vom Tage der Leistung an Zinsen berechnet werden. Die Höhe der gesetzlichen Zinsen nach Handelsrecht, mit Ausnahme der Verzugszinsen, beträgt nach §352 HGB bei beiderseitigen

Handelsgeschäften 5%; abweichende Vereinbarungen sind bis zur Grenze der Sittenwidrigkeit (§138 BGB) möglich. Nach bürgerlichem Recht können Zinsen kraft Gesetz nicht schon bei Fälligkeit, sondern erst nach Eintritt des Verzugs verlangt werden.

7.3. Verzicht auf bürgerlich-rechtliche Schutzbestimmungen

Verstöße gegen die vorgeschriebene Form führen zur Nichtigkeit der Erklärung gem. §125 BGB. Demzufolge verlangt das bürgerliche Recht gem. §766 BGB für die Bürgschaftserklärung sowie gem. §780, 781 für das Schuldversprechen und Schuldanerkenntnis die Schriftform. Äußerungen dieser Art sind also erst wirksam, wenn sie der Erklärende unterschrieben hat.

Auch hier erlaubt das Handelsrecht eine Abweichung: Ein Kaufmann muss bei seinen Erklärungen wissen, worum es geht. Er kann sich nicht auf einen Übereilungsschutz berufen, der für geschäftsunerfahrene Partner durchaus angemessen erscheint. Demzufolge bestimmt §350 HGB, dass auf eine Bürgschaft, ein Schuldversprechen oder Schuldanerkenntnis die **Formvorschriften** des bürgerlichen Rechts dann **keine Anwendung** finden, wenn die Bürgschaft aufseiten des Bürgen, das Versprechen oder Anerkenntnis auf Seiten des Schuldners ein **Handelsgeschäft** ist. Es ist entscheidend, ob **die Bürgschaftserklärung von einem Kaufmann** abgegeben wird; es kommt nicht darauf an, für welche Schuld des Hauptschuldners man sich verbürgt. Diese braucht nicht aus einem Handelsgeschäft zu stammen.

Nach §771 BGB im bürgerlichen Recht hat der Bürge die sogenannte **„Einrede der Vorausklage"**. Sie besagt, dass der Bürge die Befriedigung des Gläubigers so lange verweigern kann, als nicht der Gläubiger eine Zwangsvollstreckung gegen den Hauptschuldner ohne Erfolg versucht hat.

Dessen ungeachtet gilt im Handelsrecht §349 HGB: Dem Bürgen steht, wenn die Bürgschaft für ihn ein Handelsgeschäft ist, die Einrede der Vorausklage nicht zu.

8. Der Handelskauf

8.1. Handelsrechtliche Besonderheiten beim Fixhandelskauf

a) Ausgangslage

Der Begriff des Fixgeschäfts ist aus dem bürgerlichen Recht geläufig. Es handelt sich hierbei um Sachverhalte i.S.d. §323 Abs.2 Nr.2 BGB, bei dem der Schuldner die Leistung zu einem bestimmten Termin oder innerhalb einer bestimmten Frist zu bewirken hat und der Gläubiger im Vertrag den Fortbestand seines Leistungsinteresses an die Rechtzeitigkeit der Leistung gebunden hat. Aus der Vereinbarung muss also hervorgehen, dass das Geschäft mit Einhaltung des Termins steht oder fällt.

b) Rücktrittsrecht (§376 I HGB)

Wenn die Leistung nicht zu der bestimmten Zeit oder nicht innerhalb der bestimmten Frist erfolgt, hat der anderen Teil (also der Käufer) beim Fixhandelskauf das Recht zum Rücktritt vom Vertrag.

c)   **Anspruch auf Schadensersatz (§376 I HGB)**

Soweit der Verkäufer eine fällige Leistung nicht oder nicht wie geschuldet erbringt, kann der Käufer nach bürgerlichem Recht gem. §§280 Abs.1, 3 i.V.m. 281 Abs.1 S.1 BGB Schadensersatz statt der Leistung verlangen, aber nur, wenn er dem Verkäufer erfolglos eine angemessene Frist zur Leistung oder Nacherfüllung bestimmt hat. Auf die Fristbestimmung wird beim Fixhandelskauf verzichtet. Hierbei ist aber Voraussetzung für den Schadensersatz, dass sich der Verkäufer im Verzug gem. §286 BGB befindet.

d)   **Die Schadensberechnung**

Wird Schadensersatz wegen Nichterfüllung verlangt, so hat der Käufer folgende Möglichkeiten:
*   Abstrakte Schadensberechnung: Hat die Ware einen Börsen- oder Marktpreis, so kann der Unterschied zwischen dem Kaufpreis und dem Börsen- oder Marktpreis zurzeit und am Orte der geschuldeten Leistung als Schadensersatz gefordert werden (§376 Abs.2 HGB).
*   Konkrete Schadenersatzberechnung: Der Käufer kann das Ergebnis eines anderweitig vorgenommenen Verkaufs oder Kaufes zugrunde legen. Man spricht vom sog. „Deckungsgeschäft". Der Unterschied zwischen dem Kaufpreis des Deckungsgeschäfts (Kauf oder Verkauf) und dem vertraglichen Kaufpreis ergibt die Höhe des Schadensersatzes.
    Deckungsgeschäfte können zur Spekulation missbraucht werden. Der Verkäufer oder Käufer könnte durch Abwarten Preisschwankungen zu seinen Gunsten ausnutzen. Dies will das Gesetz in §376 Abs.3 HGB verhindern: Das Deckungsgeschäft muss sofort nach Ablauf der Leistungszeit und durch bestimmte Personen vorgenommen werden.

8.2.   Handelsrechtliche Besonderheiten bei der Gewährleistung

Auch für den Handelskauf gelten hinsichtlich der Gewährleistungsrechte des Käufers zunächst die §§434ff. BGB. Nach §437 BGB kann ein Kaufmann somit Nacherfüllung verlangen, vom Vertrag zurücktreten, den Kaufpreis mindern oder Schadensersetz bzw. Ersatz vergeblicher Aufwendungen verlangen, wenn die jeweiligen Voraussetzungen erfüllt sind. Nach BGB stehen dem Käufer diese Rechte zu, wenn der Mangel bei Übergabe der Sache vorhanden war und innerhalb der Gewährleistungsfrist geltend gemacht wird. Dabei ist besonders herauszustellen, dass den Käufer nach bürgerlichem Recht kraft Gesetz keine Verpflichtung trifft, die Ware nach Erhalt unverzüglich zu untersuchen und etwas festgestellte Mängel zu rügen. Diese 2-Jahres-Frist beim Kauf von Sachen ist für den kaufmännischen Geschäftsverkehr unerträglich lang. Hier muss im Interesse an einer raschen Geschäftsabwicklung der Verkäufer wissen, ob die Lieferung akzeptiert wird oder ob der Käufer wegen der Beschaffenheit der Ware Gewährleistungsansprüche erhebt. Aus diesem Grund verpflichtet das Handelsrecht den Käufer, die Ware zu untersuchen und, wenn sich Mängel zeigen, dem Verkäufer unverzüglich Anzeige zu machen.

a)   **Beiderseitigkeit des Handelskaufs**

Die besondere kaufmännische Untersuchungs- und Rügepflicht gilt nur für solche Kaufverträge, die für beide Teile ein Handelsgeschäft darstellen. Es müssen also sowohl der Käufer als auch der Verkäufer Kaufleute im Rechtssinne sein und der Kauf für den Gewerbebetrieb erfolgen.

b)   Rügepflichtige Vorgänge

Die Rügepflicht besteht nach §377 Abs.1 HGB, wenn sich ein Mangel an der Ware zeigt. Wann ein solcher Mangel vorliegt, bestimmt sich nach den Vorschriften über den Kauf in §434 BGB: Danach weißt die Sache einen Sachmangel auf, wenn sie bei Gefahrenübergang nicht die vereinbarte Beschaffenheit hat. Soweit die Beschaffenheit nicht vereinbart ist, liegt ein Sachmangel vor, wenn

*   Sich die Sache nicht für die nach dem Vertrag vorausgesetzte Verwendung eignet, sonst
*   Wenn sie sich nicht für die gewöhnliche Verwendung eignet und nicht eine Beschaffenheit aufweist, die bei Sachen der gleichen Art üblich ist und die der Käufer nach der Art der Sache erwarten kann.

Einem Sachmangel steht es gleich, wenn der Verkäufer

*   Eine andere Sache (qualitatives aliud) oder
*   Eine zu geringe Menge (quantitatives aliud) liefert

c)   Rechtzeitigkeit

Untersuchung und Rüge müssen „unverzüglich" erfolgen. Hierzu bestimmt die bekannte Definition in §121 BGB: unverzüglich bedeutet „ohne schuldhaftes Zögern". Zeigen sich (verdeckte) Mängel erst später, so muss die Anzeige unverzüglich nach der Entdeckung gemacht werden. Für die Rechtzeitigkeit ist die Absendung der Anzeige maßgebend (§377 Abs. 3 und 4 HGB).

d)   Rechtliche Konsequenzen der Mängelanzeige

§377 Abs.2 HGB bestimmt: „Unterlässt der Käufer die Anzeige, so gilt die Ware als genehmigt". Mit anderen Worten: Der Käufer verliert seine ihm nach bürgerlichem Recht zustehenden Ansprüche. Das heißt: Bei Sachmängeln verliert der Käufer seine Ansprüche nach §437 BGB.

B.   Gesellschaftsrecht

1.   Einteilung der Gesellschaften

Die Rechtsordnung kennt keinen einheitlichen Begriff des „Unternehmens", der gesetzliche Sprachgebrauch variiert. So spricht das Handelsgesetzbuch vom „Handelsgewerbe", „Gewerbebetrieb", „gewerblichen Unternehmen" und „Handelsgeschäft", das Betriebsverfassungsgesetz vom „Betrieb", das Kartell- und Konzernrecht vom „Unternehmen".

Aus juristischer Sicht lassen sich die Unternehmensformen zunächst trennen in solche des öffentlichen Rechts und in solche des Privatrechts.

Privatrechtliche Unternehmensformen

Einzelunternehmung　　　　　　Gesellschaft　　　　　　Stiftung

Personengesellschaft
- GbR §705 BGB
- OHG §105 HGB
- KG §161 HGB
- PartG §1 PartGG
- EWIV EWIV-VO
- StilleG §230 HGB
- Reederei §489 HGB

Körperschaft
- Verein §§21, 54 BGB
- Genossenschaft GenG
- Kapitalgesellschaft
  - GmbH §1 GmbHG
  - AG §1 AktG
  - KGaA §278 AktG
  - VVaG VAG

2. Bestimmungsfaktoren für die Wahl der betrieblichen Rechtsform

Das Gesellschaftsrecht bietet eine breite Palette von Möglichkeiten für die Wahl der betrieblichen Rechtsform. Sie setzt eine Abwägung der Vor- und Nachteile voraus.

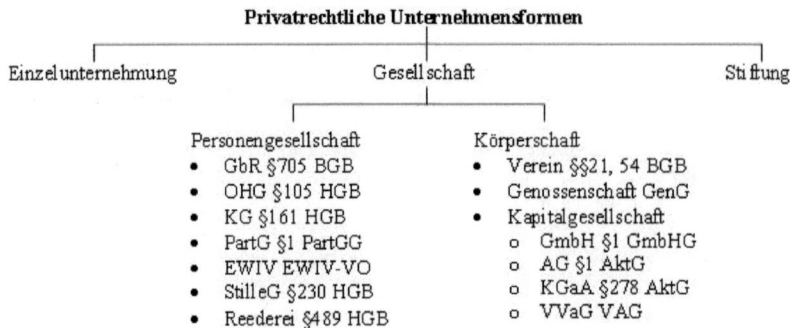

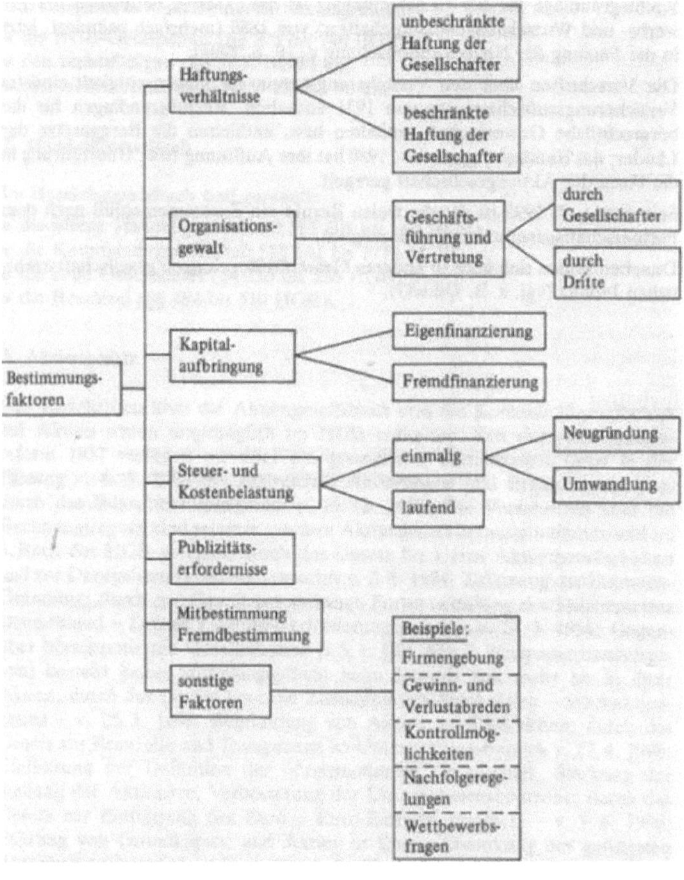

3. Die Gesellschaft bürgerlichen Rechts

3.1. Begriffsbestimmung

Bei der BGB-Gesellschaft handelt es sich um **eine auf Vertrag beruhende Personenvereinigung ohne eigene Rechtsfähigkeit zur Förderung eines von den Gesellschaftern gemeinsam verfolgten, beliebigen Zwecks.**

Kennzeichen der BGB-Gesellschaft sind demnach

Positiv:
- Der vertragliche Zusammenschluss
- Die gemeinschaftliche Zweckverfolgung
- Die Beliebigkeit jeder gesetzlich erlaubten Zweckverfolgung

Negativ:
- Die fehlende Rechtsfähigkeit
- Das Nichtvorliegen eines Handelsgewerbes (dies würde zur OHG oder KG führen)
- Das Nichtvorliegen einer Firma

3.2. Gründung der BGB-Gesellschaft

Die BGB-Gesellschaft entsteht durch den vertraglichen Zusammenschluss mehrerer Gesellschafter. Erforderlich ist also zunächst der Abschluss eines Vertrages. Dieser kann ausdrücklich oder stillschweigend erfolgen. Eine bestimmte Form ist nicht vorgeschrieben.

Die Inhalte des Vertrags richten sich an den spezifischen Gegebenheiten der Gesellschaft aus. In jedem Fall aber sollte der Vertrag folgende Frage behandeln: Geschäftsführung und Vertretung, Beschlussfassung und Stimmrecht, Gewinnverteilung und Gesellschafterwechsel, Erbfolge, Auseinandersetzung und Auflösung.

3.3. Geschäftsführung und Vertretung bei der BGB-Gesellschaft

Die Führung der Geschäfte in der BGB-Gesellschaft steht nach §709 Abs.1 BGB den Gesellschaftern **gemeinschaftlich** zu. Für jedes Geschäft ist also die Zustimmung aller Gesellschafter erforderlich. Man spricht bei diesem Organisationsprinzip auch vom „positiven Konsensprinzip".

Das Prinzip der Gesamtgeschäftsführung mit seinem Einstimmigkeitserfordernis ist für den einzelnen Gesellschafter vorteilhaft und ungefährlich, es ist aber auf der anderen Seite außerordentlich schwerfällig und daher in vielen Fällen unbrauchbar. Das Gesetz erlaubt deshalb, die Geschäftsführung durch Gesellschaftsvertrag abweichend zu regeln (vgl. §§709 Abs.2, 710, 711 BGB).

Das Gesetz hat eine sehr einfache Regelung der Vertretungsmacht getroffen: Soweit einem Gesellschafter nach dem Gesellschaftsvertrag die Befugnis zur Geschäftsführung zusteht, ist er im Zweifel auch ermächtigt, die anderen Gesellschafter Dritten gegenüber zu vertreten (§714 BGB).

Genauso wie die Geschäftsführung einzelnen oder mehreren allein oder zusammen übertragen werden kann, so ist es durch gesellschaftsvertragliche Regelung zulässig, die Vertretung einzelnen oder mehreren zu übertragen.

3.4. Schuldenhaftung

„Gesellschaftsschulden" im Gesellschaftsrecht sind solche, die im Rahmen des Gesellschaftsverhältnisses begründet werden und für die alle Gesellschafter haften. Für derartige Gesellschaftschulden haften sämtliche Gesellschafter gesamtschuldnerisch auch mit ihrem Privatvermögen (§§420 ff. BGB).

4. Die offene Handelsgesellschaft

4.1. Begriff

Die offene Handelsgesellschaft ist eine **Gesellschaft, deren Zweck auf den Betrieb eines Handelsgewerbes unter gemeinschaftlicher Firma gerichtet ist und die keine Haftungsbeschränkung der Gesellschafter gegenüber den Gesellschaftsgläubigern kennt (§105 Abs.1 HGB).**

4.2. Gründung der OHG

Der Vertragsabschluss zur Gründung einer offenen Handelsgesellschaft bedarf keiner besonderen Form, es gelten vielmehr die allgemeinen Regeln des bürgerlichen Rechts für Rechtsgeschäfte. Das bedeutet, dass eine notarielle Beurkundung lediglich bei Einbringung von Grundstücken in das Gesellschaftsvermögen erforderlich ist, jedoch empfiehlt sich die Schriftform aus Gründen der Beweisführung. Bei der Inhaltsfreiheit muss man unterscheiden: Für die Rechte der Gesellschafter untereinander (Innenverhältnis) gilt nach §109 HGB Vertragsfreiheit, für das Rechtsverhältnis der Gesellschafter zu Dritten (Außenverhältnis) ist diese durch §§123ff. HGB eingeschränkt.

Die OHG muss beim Registergericht des Sitzes zur Eintragung in das Handelsregister angemeldet werden (§106 Abs.1 HGB). Dabei sind Anmeldungen von sämtlichen Gesellschaftern zu bewirken, wobei vertretungsbefugte Gesellschafter ihre Namensunterschrift unter Angabe der Firma zur Aufbewahrung beim Gericht zu zeichnen haben.

Hinsichtlich des Zeitpunktes, an dem die OHG als existent anzusehen ist, ist zu differenzieren:
- **Im Verhältnis der Gesellschafter zueinander** richtet sich der Entstehungszeitpunkt der OHG nach dem Gesellschaftsvertrag (§109 HGB).
- **Im Verhältnis zu Dritten** entsteht die Gesellschaft mit der Eintragung ins Handelsregister (§123 Abs.1 HGB).
- Beginnt die OHG ihre Geschäfte ausnahmsweise schon vor der Eintragung ins Handelsregister, so entsteht sie Dritten gegenüber bereits mit dem Zeitpunkt des Geschäftsbeginnes (§123 Abs.2 HGB).

„Einmann-Personengesellschaften" sind anders als im Kapitalgesellschaftsrecht nicht denkbar; bei der Reduzierung der Gesellschafterzahl entsteht letztendlich ein einzelkaufmännisches Unternehmen.

4.3. Rechte und Pflichten der Gesellschafter untereinander

a)   Grundsatz der Vertragsfreiheit

Für das Innenverhältnis der OHG gilt Vertragsfreiheit: Das Rechtsverhältnis der Gesellschafter untereinander richtet sich zunächst nach dem Gesellschaftsvertrag (§109 HGB). Das Gesetz ist dispositiv: „Die Vorschriften der §§110 bis 122 finden nur insoweit Anwendung, als nicht durch den Gesellschaftsvertrag ein anderes bestimmt ist".

b)   Beitragspflichten

Die Pflicht der Gesellschafter einer OHG zur Leistung von Beiträgen ergibt sich aus §105 Abs.3 HGB i.V.m. §§705, 706 BGB. Art und Umfang der Beiträge bestimmen sich nach dem Gesellschaftsvertrag.

c)   Treupflichten

Das Verhältnis der Gesellschafter untereinander ist bei der OHG durch die enge persönliche Beziehung gekennzeichnet. Dieses personengebundene Gemeinschaftsverhältnis wird unter Anwendung des §242 BGB vom Grundsatz gegenseitiger Rücksichtnahme beherrscht.

d)   Wettbewerbsverbote

Nach §112 HGB unterliegen Gesellschafter von offenen Handelsgesellschaften Wettbewerbsverboten: Ein Gesellschafter darf ohne Einwilligung der anderen Gesellschafter
- Weder in dem Handelszweige der Gesellschaft Geschäfte machen
- Noch an einer anderen gleichartigen Handelsgesellschaft als persönlich haftender Gesellschafter teilnehmen.

Verletzt ein Gesellschafter das Wettbewerbsverbot, so bestehen nach §113 zwei Möglichkeiten.

e)   Geschäftsführung

Nach §114 HGB sind bei der offenen Handelsgesellschaft zur Führung der Geschäfte **„alle Gesellschafter berechtigt und verpflichtet".** Steht die Geschäftsführung allen zu, so ist **jeder von ihnen allein zu handeln berechtigt** (§115 HGB).

Der Grundsatz der Einzelgeschäftsführung birgt jedoch unverkennbar eine gewisse Gefahr in sich. Aus diesem Grunde gibt das Gesetz jedem geschäftsführungsberechtigten Gesellschafter ein Vetorecht: Widerspricht ein geschäftsführungsberechtigter Gesellschafter der Vornahme einer Handlung durch einen anderen geschäftsführungsberechtigten Gesellschafter, so muss diese unterbleiben (§115 Abs.1 HGB).

Das Gesetz ist dispositiv, durch den Gesellschaftsvertrag können andere Modalitäten der Geschäftsführung vereinbart werden.

4.4. Rechtsbeziehungen von Gesellschaft und Gesellschaftern zu Dritten

a) Vertretung

Die gesetzliche Leitvorstellung bringt §125 Abs.1 HGB zum Ausdruck. Zur Vertretung der Gesellschaft ist **jeder Gesellschafter ermächtigt,** wenn er nicht durch den Gesellschaftsvertrag von der Vertretung ausgeschlossen ist. Es gilt also das Prinzip der Einzelvertretung. Das heißt: Jeder einzelne Gesellschafter kann Willenserklärungen mit Wirkung für und gegen die OHG abgeben.

Von der gesetzlichen Leitvorstellung kann durch Gesellschaftsvertrag abgewichen werden. Im Interesse der Verlässlichkeit und Transparenz muss jede von der gesetzlichen Leitvorstellung abweichende Vertretungsmacht und jede spätere Änderung zum Handelsregister angemeldet werden (§125 Abs.4 HGB).

Die Vertretungsmacht der Gesellschafter erstreckt sich gem. §126 Abs.1 HGB auf

- Alle gerichtlichen Geschäfte und Rechtshandlungen,
- Alle außergerichtlichen Geschäfte und Rechtshandlungen einschließlich
- Veräußerungen und Widerruf einer Prokura.

Die an sich uneingeschränkte Vertretungsmacht des Gesellschafters einer OHG findet ihre Schranken in den Grundlagen des Gesellschaftsverhältnisses, d.h. ein Gesellschafter kann sich nicht über die Grenzen seiner Gesellschaftserstellung hinwegsetzen.

Wie bei Prokuristen, so ist auch bei Gesellschaftern einer OHG die Beschränkung des Umfangs der Vertretungsmacht Dritten gegenüber unwirksam (§126 Abs.2 HGB). Bei Verstoß gegen derartige Absprachen macht dieser sich schadensersatzpflichtig, auch kann ein zur Ausschließung aus der Gesellschaft wichtiger Grund vorliegen.

Auch bei der OHG ist ein Entzug der Vertretungsmacht möglich. Er erfolgt durch gerichtliche Entscheidung. Wichtige Gründe sind insbesondere grobe Pflichtverletzung oder Unfähigkeit zur ordnungsgemäßen Vertretung der Gesellschaft.

b) Haftung

Die offene Handelsgesellschaft kann nach §124 Abs.1 HGB unter ihrer Firma Verbindlichkeiten eingehen. Sie haftet also für Gesellschaftsschulden selbst.

Die Gesellschafter einer OHG haften gem. §128 S.1 HGB für die Verbindlichkeiten der Gesellschaft den Gläubigern als Gesamtschuldner persönlich. Eine entgegenstehende Vereinbarung ist Dritten gegenüber unwirksam.

Zur Verdeutlichung: Der Gesellschafter einer OHG haftet für Gesellschaftsverbindlichkeiten

- **Unmittelbar:** Ein Gläubiger kann jeden einzelnen Gesellschafter unmittelbar in Anspruch nehmen;
- **Unbeschränkt:** Der Gesellschafter haftet mit seinem gesamten Vermögen, also auch mit seinem Privatvermögen und nicht nur mit der in die OHG eingebrachten Einlagen;
- **Primär:** Ein Gläubiger kann sich sofort an den Gesellschafter halten, er muss nicht zuerst die Gesellschaft in Anspruch nehmen;

- **Gesamtschuldnerisch:** Jeder Gesellschafter haftet dem Gläubiger gegenüber für die volle Summe und nicht lediglich in Höhe der Quote seiner Beteiligung;
- **Akzessorisch:** Die Gesellschafter haften allerdings nur im jeweiligen Umfang der Gesellschaftsverbindlichkeiten.

5. Die Kommanditgesellschaft

5.1. Begriff

Eine Kommanditgesellschaft liegt vor beim **Zusammenschluss mehrerer zu einer Gesellschaft, deren Zweck auf den Betrieb eines Handelsgewerbes unter gemeinschaftlicher Firma gerichtet ist, wenn bei einem oder bei einigen der Gesellschafter die Haftung gegenüber den Gesellschaftsgläubigern auf den Betrag einer bestimmten Vermögenseinlage beschränkt ist, während bei dem anderen Teil der Gesellschafter eine Beschränkung der Haftung nicht stattfindet** (§ 161 Abs.1 HGB).

Typisch für die Kommanditgesellschaft ist also
- der Betrieb eines **Handelsgewerbes,**
- die **gemeinschaftliche Firma** (§ 19 Abs.1 Nr.3 HGB beachten)
- die **unterschiedlichen Haftungsverhältnisse** der Gesellschafter: Ein Teil der Gesellschafter haftet lediglich mit einer bestimmten Vermögenseinlage (Kommanditisten); ein anderer Teil der Gesellschafter haftet unbeschränkt (Komplementäre).

5.2. Gründung der Kommanditgesellschaft

Die Kommanditgesellschaft spielt im Wirtschaftsleben eine überragende Rolle. Ihre Attraktivität liegt in der Kalkulierbarkeit des Beteiligungsrisikos als Kommanditist. Dies trifft zwar auch für die Gesellschafter einer GmbH zu, jedoch ist bei letzterer der „Doppelbelastungseffekt" bei der Vermögensteuer nach wie vor vorhanden.

Wie bei der OHG, so können auch bei der KG sowohl natürliche als auch juristische Personen Gesellschafter sein. Theoretisch gilt dies sowohl für die Komplementär- als auch für die Kommanditistenstellung.

Der Vertragsabschluss zur Gründung einer Kommanditgesellschaft bedarf keiner besonderen Form, es gelten vielmehr die allgemeinen Regeln des bürgerlichen Rechts für Rechtsgeschäfte. Das bedeutet, dass eine notarielle Beurkundung lediglich bei Einbringung von Grundstücken in das Gesellschaftsvermögen erforderlich ist, jedoch empfiehlt sich die Schriftform aus Gründen der Beweisführung. Bei der Inhaltsfreiheit muss man unterscheiden: Für die Rechte der Gesellschafter untereinander (Innenverhältnis) gilt nach § 109 HGB Vertragsfreiheit, für das Rechtsverhältnis der Gesellschafter zu Dritten (Außenverhältnis) ist diese durch §§ 123 ff. HGB eingeschränkt.

Die Kommanditgesellschaft muss beim Registergericht des Sitzes zur Eintragung in das Handelsregister angemeldet werden (§ 106 Abs.1 HGB). Zusätzlich muss die Handelsregistereintragung gem. § 162 Abs.1 HGB
- die Bezeichnung der Kommanditisten und
- den Betrag jeder Kommanditeinlage enthalten.

Dasselbe gilt beim Eintritt und Ausscheiden von Kommanditisten. Ein wesentlicher Unterschied zur OHG ist jedoch zu beachten: Während bei der OHG die Namen sämtlicher Gesellschafter bekanntgemacht werden, wird gem. § 162 Abs.2 HGB bei der Kommanditgesellschaft nur die Zahl der Kommanditisten angegeben.

Hinsichtlich des Zeitpunktes, an dem die Kommanditgesellschaft als existent anzusehen ist, ist zu differenzieren:

- **Im Verhältnis der Gesellschafter zueinander** richtet sich der Entstehungszeitpunkt der Kommanditgesellschaft nach dem Gesellschaftsvertrag (§ 109 HGB).
- **Im Verhältnis zu Dritten** entsteht die Gesellschaft mit der Eintragung ins Handelsregister (§ 123 Abs.1 HGB).
- Beginnt die Kommanditgesellschaft ihre Geschäfte ausnahmsweise schon vor der Eintragung ins Handelsregister, so entsteht sie Dritten gegenüber bereits mit dem Zeitpunkt des Geschäftsbeginnes (§ 123 Abs.2 HGB).

5.3. Rechte und Pflichten der Gesellschafter untereinander

a) Grundsatz der Vertragsfreiheit

Für das Innenverhältnis der Kommanditgesellschaft gilt Vertragsfreiheit: Die gesetzlichen Vorschriften greifen nur ein, wenn der Gesellschaftsvertrag nichts Abweichendes enthält. Für die Kommanditgesellschaft besteht vor allem die Möglichkeit, durch Gesellschaftsvertrag die Rechtsbeziehungen der Kommanditisten zu den Komplementären entscheidend zu ändern. So kann die ohnehin bescheidene gesetzliche Einflussmöglichkeit des Kommanditisten weiter reduziert werden. Möglich ist aber auch, die Kommanditistenstellung auf Kosten der Komplementäre auszubauen.

b) Beitragspflichten

Die Pflicht der Gesellschafter einer Kommanditgesellschaft zur Beitragsleistung ergibt sich aus § 161 Abs.2 HGB i.V.m. §§ 105 Abs.3 HGB, 705, 706 BGB. Wie bei der OHG werden Art und Umfang der Beitragsleistungen durch den Gesellschaftsvertrag bestimmt.

Hinsichtlich der Beitragspflicht des Komplementärs ergeben sich im Vergleich zur OHG keine Besonderheiten. Da er den Gläubigern gegenüber unbeschränkt haftet, ist es letztlich gleichgültig, welchen Beitrag er für die Gesellschaft erbringt und wie dieser beziffert wird. Wegen der beschränkten Haftung kommt es jedoch beim Kommanditisten entscheidend darauf an, die Höhe seiner Haftung zu beziffern. Nach § 172 Abs.1 HGB ist für den Umfang einer Kommanditistenhaftung grundsätzlich der im Handelsregister als Einlage angegebene Betrag maßgeblich.

c) Treupflichten

Das Verhältnis der Gesellschafter untereinander ist wie bei der OHG durch die enge persönliche Beziehung gekennzeichnet. Dieses personengebundene Gemeinschaftsverhältnis wird unter Anwendung des § 242 BGB vom Grundsatz gegenseitiger Rücksichtnahme beherrscht. Komplementäre unterliegen deshalb neben der allgemeinen Treuepflicht auch dem Wettbewerbsverbot (§ 161 Abs.2 i.V.m. §§ 112, 113 HGB).

Kommanditisten dagegen unterliegen keinem Wettbewerbsverbot (§ 165 HGB). Für sie besteht lediglich die allgemeine gesellschaftsrechtliche Treupflicht, alles zu unterlassen, was der KG zum Schaden gereicht.

d) Geschäftsführung

Nach § 164 HGB liegt die Geschäftsführung grundsätzlich bei den Komplementären. Die Kommanditisten sind nach dem gesetzlichen Modell von der Führung der Geschäfte ausgeschlossen.

Die Kommanditisten sind von der Geschäftsführung ausgeschlossen; sie können einer Handlung der persönlich haftenden Gesellschafter nicht widersprechen. Dies gilt jedoch nur für den gewöhnlichen Geschäftsverkehr. Ungewöhnlichen Geschäften können die Kommanditisten dagegen widersprechen (§ 164 S.1).

Der Gesellschaftsvertrag lamm die Geschäftsführung abweichend regeln. Zulässig ist es vor allem, auch Kommanditisten Geschäftsführungsbefugnisse einzuräumen. Die Rechtsprechung hat es sogar zugelassen, dem Komplementär die Geschäftsführung zu entziehen und sie im Innenverhältnis ausschließlich dem Kommanditisten zu übertragen.

5.4. Rechtsbeziehungen von Gesellschaft und Gesellschaftern zu Dritten

a) Vertretung

Nach § 170 HGB ist der Kommanditist nicht zur Vertretung der Gesellschaft ermächtigt. Vertreten wird die Kommanditgesellschaft durch die Komplementäre.

Der Ausschluss des Kommanditisten von der Vertretung ist zwingend. Es kann also von § 170 HGB nicht durch Gesellschaftsvertrag abgewichen werden.

Zulässig ist es, einen Kommanditisten nicht lediglich nach bürgerlichem Recht zu bevollmächtigen, sondern ihm Prokura oder Handlungsvollmacht zu erteilen.

b) Haftung

Die Kommanditgesellschaft kann wie die OHG nach § 124 Abs.1 HGB i.V.m. § 161 Abs.2 HGB unter ihrer Firma Verbindlichkeiten eingehen. Demzufolge haftet die Kommanditgesellschaft für Gesellschaftsschulden selbst.

Für die Komplementäre ist die für die OHG geltende Rechtslage maßgebend. Komplementäre haften deshalb gem. § 128, 161 Abs.2 HGB für Gesellschaftsverbindlichkeiten unmittelbar, unbeschränkt, primär, gesamtschuldnerisch und akzessorisch.

Hat der Kommanditist seine Einlage noch nicht erbracht, so haftet er gem. § 171 Abs.1 den Gesellschaftsgläubigern bis zur Höhe seiner Einlage unmittelbar. Maßgeblich ist nach § 172 Abs.1 HGB der Betrag, der als Hafteinlage im Handelsregister vermerkt ist.

Die Erhöhung oder Herabsetzung der Kommanditeinlage gilt Gläubigern gegenüber erst mit der pflichtgemäßen Eintragung ins Handelsregister. Ist die Erhöhung jedoch in handelsüblicher Weise bekannt gemacht oder den Gläubigern in anderer Weise von der

Gesellschaft mitgeteilt worden, so haftet der Kommanditist auch vor Handelsregistereintragung erhöht (§172 Abs.2 HGB).

Hat der Kommanditist die versprochene Einlage geleistet, so entfällt seine Haftung (§171 Abs.1 HGB).

Die Rückzahlung der Einlage eines Kommanditisten führt zum Wiederaufleben der Haftung: Die Einlage gilt gem. §172 Abs.4 als nicht geleistet.

Die Haftungsbeschränkung des Kommanditisten greift gem. §176 Abs.1 HGB nicht ein, wenn die Gesellschaft mit Zustimmung des Kommanditisten ihre Geschäfte aufnimmt, bevor sie ins das Handelsregister eingetragen ist.

6.   Die Aktiengesellschaft

6.1.   Begriff

Die Aktiengesellschaft ist nach §1 AktG eine **Gesellschaft mit eigener Rechtspersönlichkeit und einem in Aktien zerlegten Grundkapital, für deren Verbindlichkeiten den Gläubigern nur das Gesellschaftsvermögen haftet.**

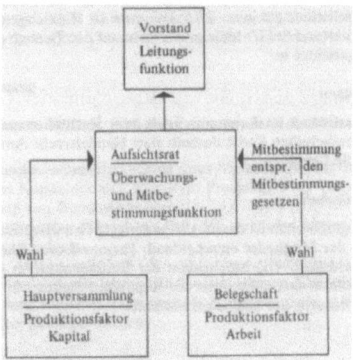

6.2.   Gründung der Aktiengesellschaft

a)   Feststellung der Satzung

Nach §23 AktG muss die Satzung durch notarielle Beurkundung festgestellt werden. Diese Feststellung erfolgt durch eine oder mehrere Personen (§2 AktG); das Gesetz nennt sie die Gründer der Gesellschaft (§28 AktG).

b)   Aufbringung des Grundkapitals

Unter dem Grundkapital versteht man den durch die Aktionäre bei Gründung mindestens aufzubringenden Kapitalbetrag. Es muss auf einen Nennbetrag in Euro lauten (§6 AktG). Der Mindestnennbetrag des Grundkapitals beträgt gem. §7 AktG 50.000 Euro.

Mit der Übernahme aller Aktien durch die Gründer ist nach §29 AktG die Aktiengesellschaft errichtet.

c)　Bestellung der Organe

Mit der Errichtung der Gesellschaft werden von den Gründern die Mitglieder des ersten Aufsichtsrats und die Abschlussprüfer (§30 Abs.1 AktG). Der Aufsichtsrat bestellt dann den ersten Vorstand (§30 Abs.4 AktG).

d)　Mindesteinzahlung auf das Aktienkapital

Vor Anmeldung zum Handelsregister muss auf jede Aktie der eingeforderte Betrag ordnungsgemäß eingezahlt werden (§36 Abs.2 AktG).

e)　Gründungsbericht und Gründungsprüfung

Nach §32 AktG haben die Gründer einen schriftlichen Bericht über den Hergang der Gründung zu erstatten.

f)　Handelsregisteranmeldung

Die Aktiengesellschaft entsteht erst mit der Eintragung in das Handelsregister. Dazu muss sie von sämtlichen Gründern, Vorstands- und Aufsichtsratsmitgliedern beim Registergericht angemeldet werden. Das Registergericht überprüft, ob die Gesellschaft ordnungsgemäß errichtet und angemeldet ist (§§36, 37, 38 AktG).

g)　Eintragung in das Handelsregister

Mit der Eintragung entsteht die Aktiengesellschaft als juristische Person (§41 Abs.1 AktG); vor der Eintragung besteht nur eine sog. Vorgesellschaft.

h)　Haftung vor der Eintragung

§41 AktG bestimmt hierzu:
- Wer vor der Eintragung der Gesellschaft im Namen der AG gehandelt hat, haftet persönlich; mehrere haften als Gesamtschuldner (§41 Abs.1 S.2 AktG).
- Die Gesellschaft kann diese Verpflichtungen aber nach ihrer Entstehung übernehmen (§41 Abs.2 AktG).

7.　Die Gesellschaft mit beschränkter Haftung

7.1.　Begriff

Die GmbH ist eine Handelsgesellschaft mit eigener Rechtspersönlichkeit, die zu jedem gesetzlich zulässigen Zweck errichtet werden kann und für deren Verbindlichkeiten den Gläubigern nur das Gesellschaftsvermögen haftet.

Gesellschaften mit beschränkter Haftung können zu jedem gesetzlich zulässigen Zweck errichtet werden (§1 GmbH). Obwohl dies in der Regel der Fall sein wird, braucht eine GmbH nicht auf den Betrieb eines Handelsgewerbes ausgerichtet zu sein. Unternehmensgegenstände können auch karitative, wissenschaftliche, künstlerische, sportliche oder kulturelle Zwecke sein. Häufig wird gerade für gemeinnützige Zwecke die Rechtsform der GmbH gewählt, um kaufmännische Vermögensverwaltung und die Möglichkeit einer weitgehend risikolosen Beteiligung für verschiedene Träger zu gewährleisten.

7.2. Erscheinungsformen

a) Klein- und Mittelbetriebe

Die GmbH ist die geeignete Rechtsform für KMU, die sich für die Rechtsform der Kapitalgesellschaft entschieden haben. Der geringe Kapitalbedarf bei der Gründung und die flexible Rechtslage im Innenverhältnis sind geradezu auf kleinere Betriebe zugeschnitten, denen sich dadurch die Möglichkeit bietet, mit beschränktem Risiko und verhältnismäßig geringer Kapitalbeteiligung am Rechts- und Geschäftsverkehr teilzunehmen.

b) Familienunternehmen

Wegen des geringen Kapitalbedarfs und der Möglichkeit, ohne persönliches Risiko Gesellschafter zu werden, ist die GmbH schließlich vorzüglich für Familiengesellschaften geeignet. Hinzu kommt, dass wegen der bei der GmbH zulässigen Drittorganschaft die Gesellschafter nicht die Geschäftsführung übernehmen müssen, diese vielmehr sachkundigen Managern überlassen können.

7.3. Gründung der GmbH

Eine Gesellschaft mit beschränkter Haftung kann durch einen oder mehrere Gesellschafter gegründet werden (§1 GmbHG). Das Gesetz gestattet also auch die Einmann-Gründung.

Gesellschafter der GmbH kann jede natürliche, aber auch jede juristische Person sein.

Der Gesellschaftsvertrag bedarf des Abschlusses in notarieller Form (§2 GmbHG). Er ist von sämtlichen Gesellschaftern zu unterzeichnen.

Das Stammkapital der GmbH muss mindestens 25.000 Euro betragen (§5 Abs.1 GmbHG). Das Stammkapital ist die Summe aller Stammeinlagen.
Die Stammeinlage jedes Gesellschafters (vgl. §5 GmbHG)
- Muss mindestens 100 Euro betragen
- Kann für die einzelnen Gesellschafter verschieden hoch sein
- Muss in Euro durch 50 teilbar sein
- Muss auf einen bestimmten Geldbetrag lauten

Die Höhe der Stammeinlage bestimmt nach §14 GmbHG den Geschäftsanteil des Gesellschafters.

Vor Anmeldung der Gesellschaft zur Eintragung in das Handelsregister müssen bestimmte Mindesteinlagen erbracht werden, ohne die eine Eintragung der Gesellschaft in das Handelsregister nicht erfolgen kann. Dabei ist zwischen Geldeinlagen und Sacheinlagen zu unterscheiden (§7 GmbHG). Der Anmeldung sind eine Reihe von Unterlagen beizufügen (§8 GmbHG).

Vor Eintragung der Gesellschaft überprüft das Registergericht den Gründungsvorgang. Ergeben sich bei der Überprüfung keine Beanstandungen, ist die GmbH in das Handelsregister einzutragen.

Mit der Eintragung in das Handelsregister wird die GmbH als juristische Person existent. Vor der Eintragung besteht die Gesellschaft als solche nicht (§11 Abs.1 GmbHG).

Ist vor Eintragung im Namen der künftigen GmbH gehandelt worden, so haften „die Handelnden" persönlich und gesamtschuldnerisch (§11 Abs.2 GmbHG). Erst nach Eintragung erlangt die GmbH Rechtsfähigkeit und kann deshalb auch erst von diesem Zeitpunkt an selbst verpflichtet werden. §11 Abs.2 ist eine Bestimmung zum Schutze der Gläubiger.

7.4. Die Organe der GmbH

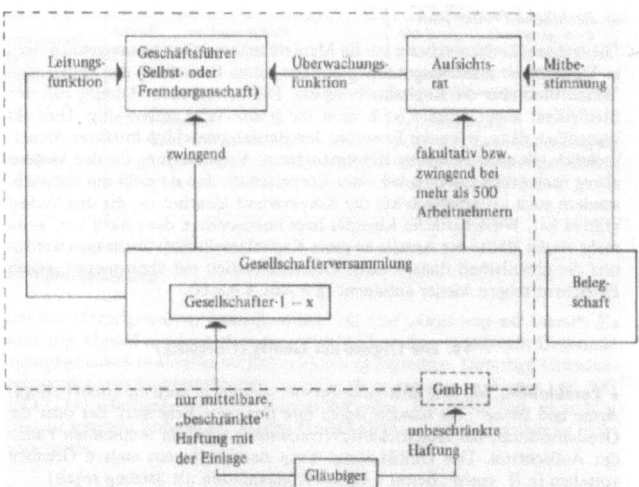

Wenn im Gesellschaftsvertrag nichts anderes bestimmt ist, gilt Gesamtgeschäftsführung. Das Gesellschafts-Statut kann aber auch den Geschäftsbereich auf mehrere Geschäftsführer verteilen und Einzelgeschäftsführungsbefugnis anordnen.

Die dispositive Regelung des Gesetzes sieht bei mehreren Geschäftsführern Gesamtvertretungsbefugnis vor (vgl. §35 Abs.2 GmbHG). Ist jedoch der Gesellschaft gegenüber eine Willenserklärung abzugeben, so genügt es, wenn dies einem der Gesellschafter gegenüber erfolgt (§35 Abs.2 GmbHG). Der Gesellschaftsvertrag kann Einzelvertretungsbefugnis vorsehen.

Die Vertretungsmacht umfasst sämtliche Handlungen für und gegen die Gesellschaft (§35 Abs.1 GmbHG). Bei der Frage, ob die Vertretungsbefugnis beschränkt werden kann, ist zu unterscheiden (§37 GmbHG):

- Im Innenverhältnis sind die Geschäftsführer der Gesellschaft gegenüber verpflichtet, die Beschränkung einzuhalten, welche durch Gesellschaftsvertrag für den Umfang ihrer Vertretungsbefugnis angeordnet wurden.
- Im Außenverhältnis ist eine derartige Beschränkung unwirksam.